JÖRG MAUTHE

Wiener Knigge

ZEICHNUNGEN VON RUDOLF ANGERER

AMALTHEA

Schutzumschlag: Rudolf Angerer

5. Auflage, 1984 – Neuauflage
Copyright © 1975 by Amalthea-Verlag, Wien - München
Gesamtherstellung: Wiener Verlag, Himberg bei Wien
ISBN 3-85002-060-6

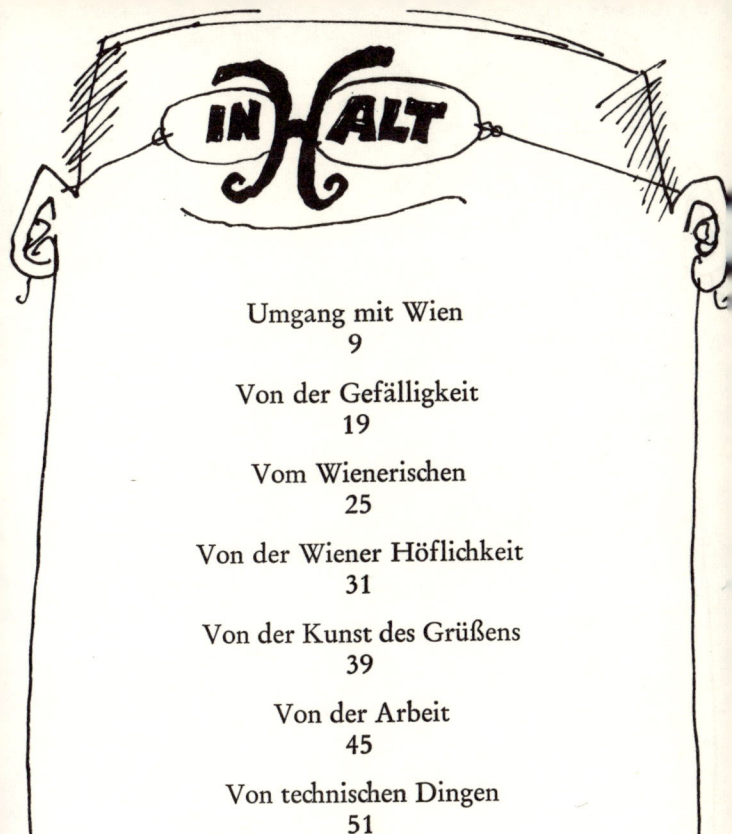

INHALT

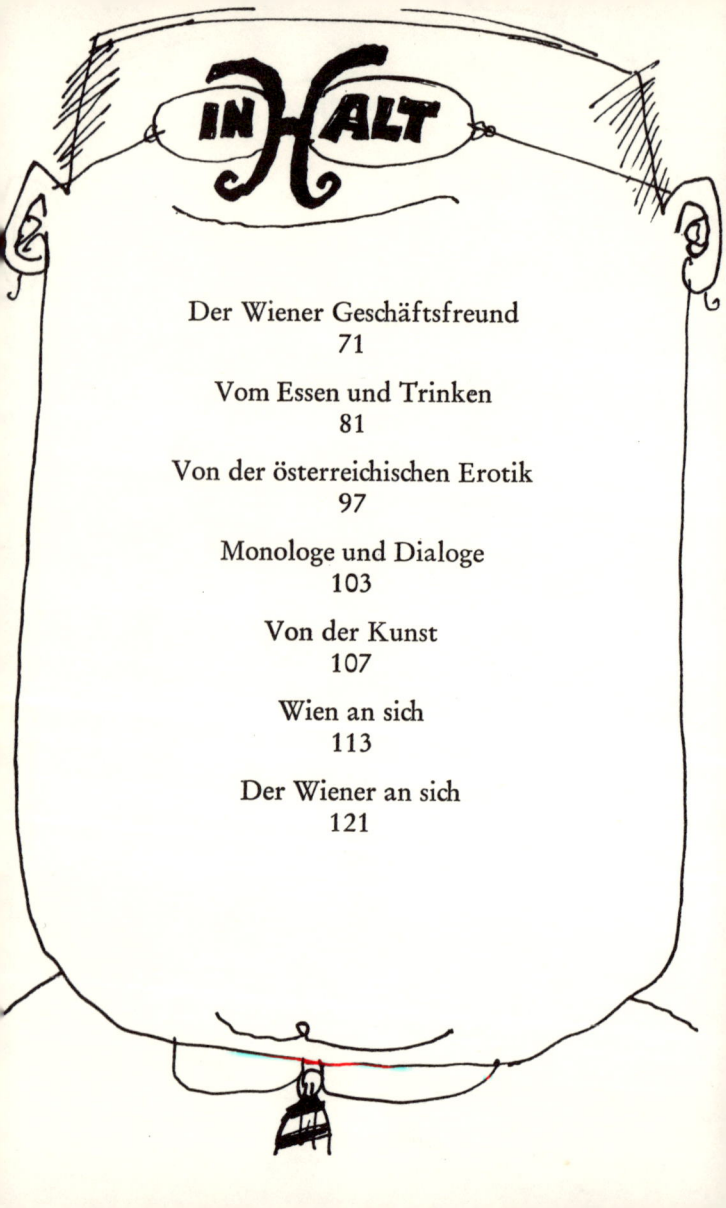

INHALT

Wiener Knigge

> »Drei Wiener gibt's nicht.
> Es ist immer ein Böhm'
> dabei.«
> (Wiener Sprichwort)

Wien ist eine fremdenfreundliche Stadt.
Ungarn, Tschechen, Slowaken oder Süd-
slawen werden nicht als Fremde betrachtet; sie gelten dem Wiener als Rohmate-
rial, aus dem sich unter dem Einfluß
eines milderen Klimas echte Wiener ent-
wickeln können. Und außerdem sind sie
ihm — siehe das Motto, das Wiener Te-
lephonbuch oder die Namen über den
Geschäftsportalen — ohnehin verwandt
oder verschwägert. Er nimmt auf sie
also nicht mehr Rücksicht als auf seine
Landsleute.
Sie hingegen, der Sie aus dem Westen,
Norden oder Süden kommen, werden

als Fremder angesehen, und es werden Ihnen in Wien Tore, Türen und Herzen geöffnet sein. Denn der Wiener braucht diese Art von Fremden, weil er heute wie gestern am Rande einer Welt beheimatet ist und in einer solchen Lage manchmal das Gefühl haben will, daß er nicht verlassen ist.

Am östlichen Stadtrand Wiens liegen Steppenböden, und es herrscht Steppenklima; und im dritten Wiener Gemeindebezirk beginnt, nach einem angeblichen Wort Metternichs, schon Asien.

Wenn Sie sich eine Woche in Wien aufhalten, sollten Sie einen Tag für einen Ausflug in den Osten Österreichs opfern. Sie werden in ein Gebiet kommen, in dem es Pußta-Landschaften, Taranteln und Wanderdünen gibt, einen riesigen sodahaltigen See und breite Stacheldrahtgehege, über die Sie einen Blick in Länder tun können, die auch politisch

schon eine Art Vorderasien sind. Hier werden Sie verstehen, warum Sie von den Wienern so freundlich und höflich aufgenommen worden sind: weil Sie durch Ihre bloße Anwesenheit das Selbstvertrauen dieser westlichen Stadt am Rande des Ostens gestärkt haben. Mehr als einmal hat es sich ereignet, daß Wien von den Heerscharen des Ostens belagert wurde, weil es ihnen den Weg nach Europa versperrte. Und mehr als einmal haben die Armeen des Westens die belagerte Stadt wieder befreit. Dasselbe tut Wien heute noch im großen für Sie, und dasselbe tun Sie heute noch im kleinen für Wien, wenn Sie diese Stadt besuchen.

Darum haben es Fremde nicht schwer, Wien zu lieben. Und darum liebt Wien die Fremden.

In Paris, in Rom oder in Amsterdam mag man sich dem Fremden gegenüber höflich verhalten, vertrauen wird man ihm nicht. In Wien vertraut man ihm instinktiv. In Rom, Paris und in Zürich bleiben Sie ein Fremder unter Einheimischen, in Wien hingegen macht man es Ihnen heimisch, weil Sie ein Fremder sind.

Sie können also ruhig nach Wien kommen.

*

Verfallen Sie aber nicht, geschätzter Fremdling, in den Fehler, zu meinen, daß Sie diesen Ihnen gegenüber so freundlichen und entgegenkommenden Wiener in irgendeiner Weise nach Ihren Vorstellungen oder Bedürfnissen zu beeinflussen oder gar zu verändern imstande wären. Zu viele fremde Völker und Eroberer sind an ihm und über ihn hinweggezogen — auf Pferden und Kamelen reitend, in Galakutschen, Panzerwagen und Reisebussen sitzend —, als daß er sich nicht längst zu der sachlich zwar falschen, aber doch praktikablen Meinung entschlossen hätte, das einzig Dauernde und Bleibende sei er selbst und alles andere nur ein Traum. »Was weiß ein Fremder?« ist eine häufige Redewendung in Wien; sie drückt nicht, wie man vielleicht glauben könnte, Hohn, sondern eine gewisse Resignation aus, eine leichte Trauer darüber, daß der Fremde so gar nicht begreifen kann, warum so vieles, was er für wichtig hält, in Wien unwichtig ist und so viel Unwichtiges in dieser Stadt Wichtigkeit besitzt — ein Augenzwinkern im ernstesten, ein unerwarteter Anflug von Jammer im heitersten Augenblick oder eine Höflichkeitsfloskel, die keinen anderen

Wert besitzt, als daß sie eben in einem bestimmten Zusammenhang geäußert werden sollte.

Es scheint, als ob diese winzigen Wertverschiebungen, die für Wien so charakteristisch sind, auf die Fremden eine gewisse demoralisierende Wirkung ausüben, der sie sich nur durch zornige Flucht entziehen können (was aber selten vorkommt), oder der sie schnell erliegen — wonach sie sich gewöhnlich wohler fühlen als vorher, wenn man den Zeugnissen zahlreicher in Wien ansässig gewordener Prominenzen trauen kann.

Beachten Sie also: Wien kann dem geliebten Fremden auf besondere Art gefährlich werden, denn es besitzt die Gabe der Verwandlung und die Kraft der Assimilation.

*

In einem Kabarettsketch des Jahres 1938 stürzte der Amtsdiener — der natürlich wie alle Amtsdiener der Wiener Lokalposse einen tschechischen Namen trug und kräftig »böhmakelte« — in das Zimmer des Herrn Sektionschefs, mit allen Zeichen höchster Bestürzung meldend, daß die »Preißen« kämen. Und was tat der Herr Sektionsrat? Er tat gar nichts. »Regen S' Ihnen net auf, Woprschalek«, sagte er ein wenig zerstreut und ein bißchen strafend. »Regen S' Ihnen net auf. Mir werden s' schon demoralisieren!«

*

Merke: Lassen Sie den Wiener, wie er ist. Es gibt Schlimmeres. Noch besser ist: Werden Sie selbst ein Wiener, Wien wird

Ihnen bei der Ausführung eines diesbezüglichen Vorhabens keinerlei Schwierigkeiten bereiten.

VON DER GEFÄLLIGKEIT

> »Ich bin so frei,
> Ihr Sklave zu sein.«
> (Nach Nestroy)

Es können bei Ihrer Ankunft in Wien alle Hotelzimmer besetzt sein.

Es ist möglich, daß während Ihrer Anwesenheit in Wien alle Theater- und Konzertkarten ausverkauft sind.

Es ist sehr wahrscheinlich, daß Sie knapp vor Ihrer Abfahrt keine Platzkarte mehr für den Arlberg-Expreß bekommen, der aus unerfindlichen Gründen nur mit dieser benützt werden darf.

Es wäre falsch, wollten Sie solche Auskünfte mit echter Resignation entgegennehmen. Denn wenn der Herr hinter dem Schalter bedauernd versichert, daß absolut kein Hotelzimmer mehr frei sei, und das Fräulein an der Kassa beschwört, daß sie nicht eine einzige Karte für dieses Theater und jenes Konzert mehr habe, dann heißt das noch lange nicht, daß Sie diese Nacht in einem Wartesaal oder Ihrem Auto und den Abend in einem Vorstadtkino verbringen müssen. Und wenn man Ihnen achselzuckend mitteilt, daß die letzte Platzkarte soeben verkauft worden sei, so bedeutet das gleichfalls nicht, daß Sie deshalb in einen Bummelzug einsteigen müssen, der zwischen St. Pölten und Attnang-Puchheim etwa fünfundzwanzigmal hält, ohne daß jemand ein- und aussteigt. Diese negativen Auskünfte besagen lediglich, daß die Männer und Damen hinter den Glasfensterchen so viele Hotelzimmer und Karten vergeben haben, als sie eben zu vergeben hatten. Nichts sonst. Sie werden sofort merken, was aus dieser feinen Definition zu schließen ist.

Wenn Ihnen hier empfohlen wird, nicht zu resignieren, so heißt das, Sie sollen innerlich nicht resignieren. Äußerlich hingegen sollen Sie, müssen Sie nicht nur resignieren, sondern noch mehr tun. Zeigen Sie sich nach Maßgabe Ihrer schauspielerischen Fähigkeiten hilflos, verstört, niedergeschmettert, zertreten. Fragen Sie, Verzweiflung in der Stimme, Hoffnungslosigkeit in der Miene, ob der Herr, respektive die Dame, nicht doch noch eine winzige Möglichkeit, einen mikroskopisch kleinen, nahezu unwahrscheinlichen, immerhin aber vielleicht gerade noch denkbaren Ausweg ...

Hierauf wird Ihnen der Herr vom Hotelzimmernachweis die Adresse einer angeheirateten Tante geben, und Sie werden in einem Biedermeierzimmer mit Frühstück und Morgensonne sehr gut aufgehoben sein.

Der Mann am Fahrkartenschalter wird

mit dem Schaffner, dem Zugbegleiter, dem Fahrdienstleiter oder einem Bekannten im Ministerium sprechen und Ihnen alsbald einen Sitzplatz im Arlberg-Expreß verschafft haben — Nichtraucherabteil, Fahrtrichtung und Fensterplatz.

Und die Dame an der Theaterkassa wird Ihnen ihre eigene Steuerkarte schenken.

Ein Minimum an schauspielerischer Begabung ist allerdings erforderlich, um diese oder ähnliche Wirkungen zu erzielen.

*

Merke: Keinem Österreicher macht ein Beruf Spaß, in dem er schlechthin nur seine Pflicht erfüllen soll. Er hat erst

Freude daran, wenn er ihm die Möglichkeit gibt, weniger Tüchtigen Gefälligkeiten zu erweisen.

VOM WIENERISCHEN

>Besondere Kennzeichen:
spricht Hochdeutsch.«
(Wiener Polizeisteckbrief)

Einen Wiener Dialekt gibt es nicht.
Es gibt vielmehr so viele Wiener Dialekte, als es Klassen, Stände, Berufe, Bezirke, Temperamente und Persönlichkeiten in Wien gibt. In Wien spricht man somit etwas mehr als eineinhalb Millionen verschiedene Dialekte.
Wenn ein Wiener den Mund auftut, dann wissen in neun von zehn Fällen sämtliche Anwesende — soferne es Wiener sind —, wen sie vor sich haben. Sie könnten nicht nur ungefähr des Sprechers Berufskategorie angeben und das Stadtviertel, in dem er wohnt oder aus dem er stammt; sie wissen, welche Bildung er genossen hat, wieviel Geld er im Monat verdient, und sie werden mit

erstaunlicher Sicherheit erraten, welcher Partei der Mann bei den letzten Wahlen seine Stimme gegeben hat. Der Dialekt des Wieners umgibt ihn wie eine persönliche Witterung. Er entrinnt seinem Dialekt niemals, wofür das angestrengte Hochdeutsch, dessen sich die österreichischen Politiker vor dem Mikrophon befleißigen, der beste Beweis ist. Aber er will ihm im Grund gar nicht entrinnen, denn, mag der Wechsel zwischen offenen und geschlossenen Vokalen auch verraten, daß es sich beim Sprecher um einen heraufgekommenen Parvenü oder einen hinuntergerutschten Aristokraten handelt — es ist sein eigener Dialekt. Und schon darum will er ihn gar nicht ablegen, denn noch steht im Österreichischen das, was den einen von allen anderen unterscheidet, hoch im Kurs. Noch immer liebt man hier das Persönliche.

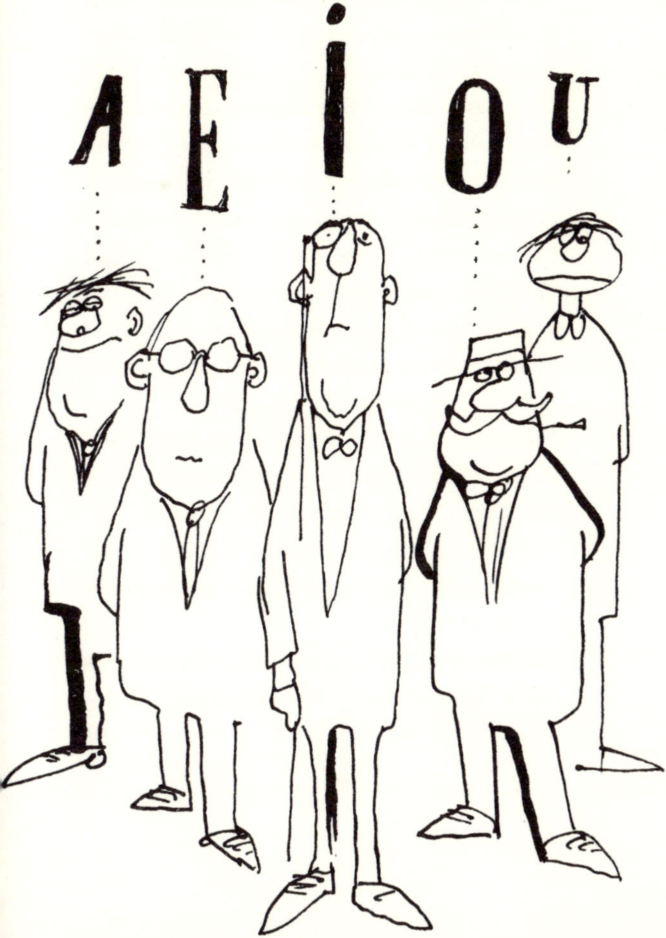
A E I O U

Bemühen Sie sich also gar nicht erst, Wienerisch sprechen zu wollen, und mag es Sie noch so reizen. Verzichten Sie darauf, das »Schönbrunnerisch« der hohen Beamten, das »Urwienerisch« des Bürgers oder die »tiafen Tön« der Wiener Peripherie nachzuahmen oder ihnen auch nur einzelne Wendungen zu entnehmen — es wird in jedem Fall schief und falsch klingen. Der Wiener bemüht sich sein Leben lang, den ihm zukommenden Dialekt zu erlernen, abzuschleifen und zu vervollkommnen. Und da wollen Sie in zwei, drei Tagen ...? Nein. Das feine Ohr Ihrer Wiener Freunde und Bekannten wird sofort registrieren, daß Sie ein Ausländer sind, der sich auf nicht ganz würdevolle Weise einheimisch gebärdet.

Vermeiden Sie das, und sprechen Sie nach Möglichkeit Hochdeutsch. Denn, wenn der Wiener auch weise darauf verzichtet, sich selbst dieser Sprache zu bedienen, so bewundert er doch rückhaltlos jeden, der das zusammenbringt. Hochdeutsch sprechen in Wien nur die Schauspieler (behaupten sie), die ganz Gebildeten (aber nicht die ganz Feinen, denn die sprechen ein nasales »Schönbrunnerisch«) und die — Hochstapler. (»Der Angeklagte verantwortete sich in erstaunlich reinem Hochdeutsch« ist ein stehender Passus in den Wiener Gerichtssaalrubriken; und es bleibt unklar, ob die erstaunten Berichterstatter das für einen mildernden oder einen besonders belastenden Umstand halten.)

Sprechen Sie also in Wien ruhig Hochdeutsch, und man wird Ihnen eine mit Vorsicht gemischte Achtung entgegenbringen. Sie werden ein wenig mysteriös wirken, dagegen haben Sie ja nichts?

*

Merke: Lesen Sie in Gottes Namen eines von den zahlreichen Wiener Wörterbüchern, aber machen Sie keinen Gebrauch davon — es gibt noch keine phonetische Schreibung, die des Wienerischen Herr zu werden vermöchte.

Von der Wiener Höflichkeit

> »Biddäh — dankeeee...
> biddäh... dankeee...
> biddäh — dankeee...«
> usw. ad inf.
> (Wiener Straßenbahner
> beim Fahrkartenzwicken)

Zwölf einander unbekannte Wiener, die gemeinsam etwas leisten sollen — eine Autobusfahrt, eine Arbeit oder einen Chorgesang —, bilden ein Dutzend besonders schlecht aufgelegter, ausgesucht gehässiger Teufel.

Zwölf Wiener, die untereinander persönlichen Kontakt haben, können reizend sein und werden miteinander Ausgezeichnetes leisten.

Daher versucht jeder Wiener, der auf die Hilfe eines anderen angewiesen ist, zu dem anderen einen persönlichen Kontakt zu finden. Er muß den Verdacht des anderen, daß von ihm möglicherweise eine sachliche Leistung verlangt wird, beschwichtigen und ihm klarmachen, daß er um einen Freundschaftsdienst gebeten wird. Er muß also dem anderen sympathisch werden, und, was weit schwieriger ist, er muß überdies noch versuchen, den anderen sympathisch zu finden. Denn einen Freundschaftsdienst kann man guten Gewissens nur einem Sympathischen abverlangen.

Auf diesem komplizierten psychologischen Unterbau wuchert nun die von kühlen Beobachtern bisweilen als geradezu chinesisch empfundene Höflichkeit des Wieners, die insbesondere dann exzessive Formen annimmt, wenn jener persönliche Kontakt umständehalber in Sekundenschnelle hergestellt werden muß.

Zum Beispiel dann, wenn ein Wiener einen anderen nach dem Weg fragt:

»'tschuldigen schon und verzeihen Sie bitte vielmals, aber dürft ich Sie fragen ...?«

»Ja, bitte?« sagt der also Angesprochene etwas verwirrt, denn er hat seinerseits ja auch erst den Kontakt zu finden.

»Ja, bitte schön«, sagt der erste, »wenn Sie also vielleicht die Liebenswürdigkeit hätten und so freundlich wären, mir zu sagen, wie ich am besten in die Blutgasse komm?«

Während Sie, der Fremdling, noch damit beschäftigt sind, diese gewaltige Häufung von Bittworten, Entschuldigungen und Konjunktiven zu studieren, beginnt bereits des kleinen Dramas zweiter Teil. Der Angesprochene übernimmt jetzt die Hauptrolle.

»Ja«, sagt er, »da gehen Sie am besten rechts die Singerstraße hinunter. Und dann die erste Gasse links.«

Der erste schickt sich an, zur Blutgasse aufzubrechen. Aber der Auskunfterteilende, der endlich Kontakt gefunden hat, fühlt in sich den furchtbaren Verdacht aufsteigen, daß er, den man um einen Freundschaftsdienst gebeten hat, nur eine sachliche Leistung vollbracht hat. Und so setzt er eilig hinzu:

»... aber Sie können auch dort links die Weihburggasse hinuntergehen und dann die Liliengasse bis zur Singerstraße. Es ist zwar weiter, aber es ist der schönere Weg ...«

»Danke vielmals!« sagt der erste und will sich abwenden. Aber der zweite hält ihn am Ärmel fest.

»Sie können aber auch«, sagt er, »die Kärntnerstraße bis zur Schulerstraße gehen und dann ein Stückl durch die Wollzeile — das ist zwar sehr weit, aber noch schöner.«

Das Weitere hören Sie nicht mehr, weil

Sie ja in der Kapuzinergruft noch jenen alten Habsburgern einen Besuch abstatten wollen, deren spanisches Hofzeremoniell die Wiener Höflichkeit durch eine Reihe von Formen und Formeln — zum Beispiel den Handkuß — bereichert hat. Sie haben also gar nicht so unrecht, wenn Ihnen die Wiener Umgangsart gelegentlich spanisch vorkommt.

*

Merke: Gebrauchen Sie innerhalb der rotweißroten Zollschranken ungefähr zehnmal so viele Höflichkeitsfloskeln wie zu Hause. Sie werden mit dieser Dosierung noch immer weit unter dem landesüblichen Niveau bleiben — aber man wird Sie, vor allem, wenn Sie un-

unterbrochen »bitte« und »danke« mur-
meln, immerhin für einen besonders gut
erzogenen Ausländer halten.

Von der Kunst des Grüssens

> »... Guten Tag! Ich bin
> nämlich bös auf dich!«
> (Selbst gehört)

Anderswo mag das Grüßen und Be-
grüßtwerden eine einfache Angelegen-
heit sein. Anderswo sagt man »Guten
Tag!«, antwortet mit denselben zwei
Worten und kann sich nach getaner
Pflicht wichtigeren Dingen zuwenden.
Nicht so in Österreich. Hier grüßt man
nicht, um einer formalen Höflichkeits-
pflicht Genüge zu tun. Hier grüßt man
noch, um dem Begegnenden eine Reve-
renz zu erweisen. Und mit seinem tie-
fen Sinn für die Hierarchien des Wer-
tes, des Ranges und der Persönlichkeit
benützt der Österreicher Gruß und Gegengruß so, daß er von vornherein die
Position der beiden Partner zueinander
festlegt. Er sagt »Meine Verehrung!«

und gibt dem solcherart Geehrten zu verstehen, daß er ihn für einen durch Alter und hohe Leistung Ausgezeichneten hält. Er ist auf die vornehmste Art der Welt unhöflich, wenn er statt dessen nur »Mein Respekt!« oder gar nur »Mein Kompliment!« zu ihm sagt und solcherart Grußformeln verwendet, die nur dem im üblichen Sinn Vorgesetzten oder dem gleichgestellten Älteren gebühren. Und der andere kann den Grüßenden durch ein »Habe die Ehre!« als Ebenbürtigen akzeptieren, sich zu einem »Grüß Sie Gott!« oder — soferne er ein Sozialist oder Libertin ist — »Ich begrüße Sie!« herablassend oder mit einem kurzen »Grüß Sie!« zu Boden schmettern.

Die Formeln wechseln je nach dem Verhältnis, in dem die sich Grüßenden zueinander stehen, und im gleichen Sinn ändern sie ihren Wert. »Meine Ergeben-

heit!« grüßt der Amtsdiener den Herrn Doktor. Sagte er »Grüß Sie Gott!«, käme dies einer Frechheit gleich — und wenn der Herr Doktor zum Amtsdiener »Servus!« sagte, wäre dies eine grobe Beleidigung, denn »Servus« darf nur unter intimen Freunden verwendet werden. »Meine Ergebenheit« aber würde der Herr Doktor dem Subalternen gegenüber nur dann gebrauchen, wenn er einen Weltuntergang heraufbeschwören wollte. Denn in der ehemaligen Kaiserstadt Wien titulieren selbst die radikalsten Klassenkämpfer einander in ihren Briefen als »Verehrter Genosse, lieber Freund«.

Und so ist das Grüßen in Österreich eine Kunst, so beginnt jede Begegnung mit einem kleinen spannenden Abenteuer: Wie wird er mich grüßen? Wie werde ich mich revanchieren? Gruß und Gegengruß — das ist hierzulande eine

Ouvertüre, in der die Motive, der Stil und die Handlung des folgenden Dialogs schon anklingen.

Und darum hört man den »Guten Tag!« nur selten und nur dort, wo zwischen dem Grüßenden und dem Begrüßenden persönliche Beziehungen für überflüssig, unerwünscht und zwecklos gehalten werden — man hört es in den Ämtern, in den Geschäften und dort, wo Bekannte einander mit einer Nuance beleidigen wollen.

*

Merke: Das berühmte »Küß die Hand!« ist ein Gruß, der ausschließlich der Dame, dieser aber in jedem Fall und bei jeder Gelegenheit gebührt, gleichgültig, ob er von der entsprechenden

Aktion eingeleitet oder gefolgt wird oder nicht.

Merke ferner: Wenn Sie auch nie den Wiener Dialekt erlernen können — das Grüßen können Sie erlernen. Zum Virtuosen werden Sie es nicht bringen, aber Sie werden Freude und Freunde damit gewinnen.

VON DER ARBEIT

> »Für Sie bin i no lange a
> Herr, verstehn S'?«
> (Arbeiter im Zorn)

Auch in Österreich gibt es eine Wirt-
schaftskonjunktur.

Auch in Österreich wird ununterbrochen
gebaut: Kraftwerke, Straßen, Häuser,
Büropaläste und was man sonst noch
braucht.

Das mag anderswo nicht so merkwürdig sein. Aber in Anbetracht dessen,
daß es ja nicht gerade die hundertpro-
zentige Einsatzbereitschaft eines unbeug-
sam entschlossenen Arbeitswillens ist,
die dem Österreicher als internationales
Merkmal anhaftet, ist es doch auffal-
lend.

Man steht vor einem Rätsel.

Einerseits nämlich wird es ziemlich
schwerfallen, einen Österreicher zu fin-

den, der bereit wäre, der Arbeit im allgemeinen und seiner eigenen Arbeit im besonderen ein gutes Wort zu gönnen. Viel leichter ist es, eine große Anzahl von Österreichern zu finden, die von der Arbeit als einer überaus lästigen, widerwärtigen, ja geradezu ekelhaften Sache sprechen, einer unwürdigen, der menschlichen Natur zuwiderlaufenden, einer ganz und gar abzulehnenden Einrichtung, gegen die man endlich einmal etwas Passendes unternehmen müßte. Den Österreicher, dem seine Arbeit Lebenserfüllung bedeutet, den hat es noch nicht gegeben. Der Österreicher ist vielmehr der felsenfesten Überzeugung, daß Arbeit nicht adelt, sondern schändet. Er denkt nicht im Traum daran, zu leben, um zu arbeiten — wie denn auch, wenn er sich nicht einmal damit abfinden kann, daß man arbeiten muß, um leben zu können?

Andererseits ist schon wieder ein Kraftwerk lange vor dem geplanten Termin fertig geworden. Das zweitgrößte Europas. Das erstgrößte steht schon seit zwei Jahren — auch in Österreich.

Des Rätsels Lösung fand sich in einem Montagmorgengespräch zweier Wiener Maurer.

»Jetzt fangt's wieder an...«, seufzte der erste in abgrundtiefer Traurigkeit.

»Ja«, stimmte der Kollege ein, nicht weniger vom Montagmorgenkater gepackt. »Es is fierchterlich. Allerweil de bleede Arweit... allerweil de Arweit...«

»Arweit is die grauslichste Beschäftigung, was iberhaupt gibt«, bemerkte der erste tiefsinnig.

Der Kollege nickte Zustimmung.

»Is scho wahr«, sagte er. Und: »Also, gemma's an!« Und nach einer Pause: »Daß ma's hinter uns bringen.«

Das ist doch wirklich eine merkwürdige Vorstellung: daß alle diese Häuser, diese ungeheuren Kraftwerke, diese riesigen Industrieanlagen, diese ausgedehnten Erdölfelder — daß das alles in wenigen Jahren nur deshalb so schnell aus dem Boden gestampft wurde, weil man halt eine lästige Beschäftigung hinter sich bringen wollte ...

1.

2.

3.

4.

Von technischen Dingen

»So a Maschin' is ja auch
nur a Mensch...«
(Wiener Mechaniker)

Das glatte, reibungslose Funktionieren
technischer Apparaturen scheint den
Österreicher nicht zu befriedigen. Es ist
ihm eher ein wenig unheimlich. Er glaubt
nicht an den Wert der Technik, weil ihm
nichts an Konstruktion, Planung und
Organisation liegt — er empfindet diese
Dinge als inhuman, ja geradezu als le-
bensfremd. Und daher ist jeder Österreicher in einem verborgenen Winkel seines Herzens fast erleichtert, wenn die
Apparate rings um ihn Mucken haben,
die Getriebe knirschen und die Sicherun-
gen durchbrennen: derlei Zwischenfälle
bestätigen seinen eingeborenen Unglau-
ben an die Technik und machen sie ihm
zugleich ein wenig vertrauter. Denn, so

schließt er unlogisch, aber weise: Irren ist menschlich, und also sind umgekehrt alle Irrtümer menschlich.

Und darum zeichnen sich die österreichischen Verkehrsbetriebe samt und sonders weder durch Pünktlichkeit noch durch übertriebenen Komfort aus. Darum bedürfen die Wiener Zigarettenautomaten individueller Behandlung und können also nur von den Bewohnern der umliegenden Häuser benützt werden; darum sind die öffentlichen Telefone meist gestört — und deshalb darf alles rückhaltlos geglaubt werden, was an sagenhaft Schrecklichem von den Aufzügen in Wien erzählt wird.

Andererseits wiederum . . .

Des Österreichers Verhältnis zur Technik ist so durchaus zwiespältig wie alle seine Verhältnisse.

In Innsbruck warf einmal ein Ausländer seine Rückfahrkarte mit anderen und wertlosen Papierresten irrtümlich in einen städtischen Papierkorb. Als er zwei Tage später seinen Verlust bemerkte, hatte er, peinlicherweise, auch schon kein Geld mehr. Ziemlich ratlos bat er irgendeine Behörde um Hilfe. Und was tat sie? Sie telefonierte hierhin und dorthin. Sie improvisierte und organisierte, sie bot die Elite der Innsbrucker Straßenkehrerschaft auf, ließ Räummaschinen aus den Garagen rollen und ackerte die Müllablagerungsstätten der Hunderttausendeinwohnerstadt gründlich um. Vierundzwanzig Stunden später wurde diese gewaltige technisch-organisatorische Leistung durch einen strahlenden Triumph gekrönt: die Rückfahrkarte war gefunden und wurde dem glücklichen Verlierer mit gehaltener Höflichkeit überreicht.

Man wird einwenden wollen, daß es billiger und zeitsparender gewesen wäre, wenn man einfach eine Fahrkarte nach Heidelberg — denn von dorther kam der Verlierer — gekauft und sie ihm geschenkt hätte. Gewiß. Aber das wäre nicht halb so elegant und höflich gewesen. Und außerdem hätte man die große Gelegenheit versäumt, sich und anderen zu beweisen, daß auch in Österreich der technische und bürokratische Apparat klaglos funktionieren kann — dann nämlich, wenn er im Dienste des menschlichen Geistes und eines sittlichen Ideals steht ...

Es ist etwa ein ausgesprochenes und spannungsreiches Vergnügen, einen kostbaren Brillantring durch die Löcher eines Wiener Kanalgitters fallen zu lassen. Man braucht nur den nächsten Polizisten (Anrede: »Herr Inspektor!«) einige diesbezügliche Worte mitzuteilen und kann sodann genießerisch einem mit höchster Präzision abrollenden Schau-

spiel beiwohnen. Der Herr Inspektor nämlich wird sich eiligen Schrittes zum nächsten Telefon begeben und sein Kommissariat anrufen. Dieses wird seinerseits in Sekundenschnelle die Kanalbrigade verständigen. Und ein Trupp dieser vielbewunderten Spezialabteilung wird alsbald unter Sirenengeheul heranbrausen, das Kanalgitter öffnen, im Dunkel verschwinden, mit raffinierten Instrumenten das Unerforschliche durchwühlen, wieder ans Tageslicht steigen, den kostbaren Brillantring säubern und Ihnen überreichen. Und das Ganze wird Sie nicht einen Groschen kosten.

Wundert es einen da, daß in Wien — wenn man aus der Häufigkeit diesbezüglicher Zeitungsmeldungen schließen darf — kostbare Brillantringe prinzipiell nur über Kanalgittern verloren zu werden scheinen?

*

Merke: Es entspricht jedoch nicht den Tatsachen, daß die österreichischen Kraftfahrzeugmechaniker durchwegs rote Kopftücher und goldene Ohrringe tragen und am Wochenende die schwarze Flagge mit dem Totenkopf von den Dächern ihrer Etablissements flattern lassen. Solche Erzählungen seien mit gebührendem Ernst in das Reich der Fabeln verwiesen.

Von der Politik

»Leben und leben lassen.«
(Kategorischer Imperativ)

Die österreichischen Politiker sind auch
nicht viel anders als die Politiker aller
anderen Herren Länder: im allgemeinen doch etwas besser als ihr Ruf und
stets geneigt, auf sich selbst hereinzu-
fallen.

Die österreichischen Politiker hingegen . . .

Man muß sie aus der Historie heraus
verstehen.

Damals, kurz vor dem Ersten Weltkrieg,
lief in Triest der erste Dreadnought vom
Stapel, ein Superschlachtschiff, auf das
die k. u. k. Marine außerordentlich stolz
war. Es sollte »Feldmarschall Radetzky«
heißen, aber der Taufakt unterblieb
zunächst, denn der andere, der ungari-

sche Teil der Monarchie stand auf wie ein Mann und forderte entschlossen einen ungarischen Namen für das Schiff. Ein langer und erbitterter Streit brach aus. Schließlich wurde er Kaiser Franz Joseph zur Entscheidung vorgelegt. Und Seine Apostolische Majestät entschied ihn kurzerhand: Das Schiff wird einen ungarischen Namen tragen.

Die Ungarn jubelten. Sie wagten zu fragen, welchen Namen der Kaiser und König im Sinne habe? Nun, sagte die Majestät, er empfinde den Namen »Allerunversöhnlichster« als sehr passend.

Hierauf jubelten die Ungarn nicht länger mehr. Denn »Allerunversöhnlichster« lautet auf ungarisch »Legmegengesztelhetetlenebbek«, ein Wort, das auch nach magyarischen Begriffen mit einigen Konstruktions- und Ausspracheschwierigkeiten verbunden ist.

Der Dreadnought wurde einige Tage

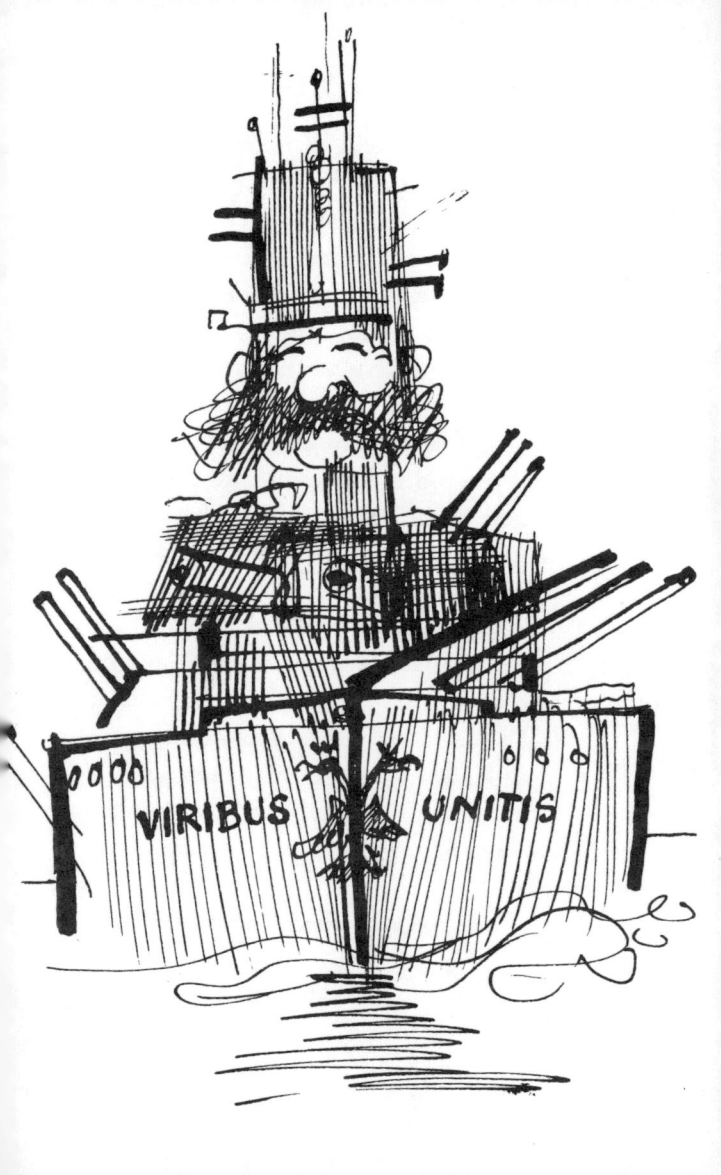

später unter großer Feierlichkeit »Viribus unitis« getauft. Diese lateinische Hausdevise der Habsburger heißt auf deutsch »Mit vereinten Kräften«.

In der Zweiten österreichischen Republik gibt es keine Gegensätze zwischen Ungarn und Österreichern mehr, weil sich die Ungarn — recht geschieht ihnen! — längst schon selbständig gemacht haben. Aber den Dualismus gibt es noch immer, denn die österreichische Innenpolitik wird von zwei großen Parteien bestimmt, den Sozialisten und der Volkspartei, kurz die »Roten« und die »Schwarzen« genannt. Beide Parteien sind ungefähr gleich stark, und daher sehen sie keine rechte Möglichkeit, gegeneinander zu regieren — um so weniger, als einige diesbezügliche Experimente vor 1938 tragisch geendet hatten.

Also begannen sie gleich nach dem Zwei-

ten Weltkrieg miteinander zu regieren,
was jede Partei in die nicht unange-
nehme Lage versetzte, gleichzeitig so-
wohl Regierungs- als auch Oppositions-
partei zu spielen. Ein Zustand, der
theoretisch völlig unmöglich war, in
der Praxis aber jahrzehntelang tatsächlich funktionierte. Die Logik des Österreichers ist eben anders als die des Herrn
von Korff, der da messerscharf schließt,
daß nicht sein kann, was eigentlich nicht
sein darf. Sie läßt in der Praxis ohne
weiteres zu, was theoretisch nicht halt-
bar wäre — zum Beispiel einen sozialen
Frieden, wie er in Europa beispiellos
sein dürfte: keine Streiks, keine De-
monstrationen, keine Radikalen — ja, du
liebe Zeit — wo gibt's denn sonst noch
so was?
Es scheint, als ob diese erfreulichen Zu-
stände Resultate eines spezifisch österreichischen »Als-ob«-Prinzips wären. Vie-

les, wenn nicht alles, hängt in der österreichischen Politik mit einem »als ob« zusammen. Die Koalition, von der eben die Rede war, funktionierte lange Zeit, als ob es keine andere Möglichkeit der Politik gegeben hätte — und darum eben funktionierte sie wirklich. Nachher, als es keine Koalition mehr gab, verhielten sich die Parteien so, als ob es noch immer eine Koalition, nur halt eine versteckte, gäbe — und siehe da, auch das funktionierte. Vorher war Österreich zehn Jahre lang von ausländischen Truppen besetzt, aber jeder Österreicher benahm sich so, als ob er in einem freien Land lebte — und auch damals funktionierte das »Als-ob«-Prinzip: Das Land fühlte sich frei und war frei, noch lange es, wieder einmal, befreit wurde. In den Jahren der Hochkonjunktur und des rapide ansteigenden Wohlstandes herrschte in Österreich ganz allgemein die Vorstellung, als ob im Grunde die Situation eine kritische sei, und das war eine gescheite Einstellung, weil sie vor Übermut bewahrte; heute, da alle möglichen Krisen vor und in der Tür stehen, tut man hierzulande so, als ob Österreich eine Insel der Glücklichen wäre — und wer weiß, ob das nicht wiederum eine relativ vernünftige oder jedenfalls doch angenehm unhysterische Einstellung ist.

Das »Als-ob«-Prinzip verleitet den Österreicher also, um es in einem kurzen Satz zu sagen, dazu, so zu tun, als ob etwas möglich wäre, was eigentlich unmöglich ist, und darauf zu vertrauen, daß sich die Realität damit schon abfinden wird. Und wie sich zeigt, hat sich die Realität tatsächlich schon mehrere Male damit abgefunden und mitgespielt.

*

Nichts indessen ist in dieser Hinsicht zu vergleichen mit der Weisheit der österreichischen Wähler.

Vor jeder Wahl sind alle für gewöhnlich gut unterrichteten Beobachter (mit Einschluß der Meinungsforscher) der einhelligen Meinung, daß diesmal diese und nicht jene Partei das Rennen machen wird.

Hierauf gehen die Wähler hin und bescheren justament jener und nicht dieser Partei einen schönen Wahlsieg — von gelegentlichen Ausnahmen abgesehen, die gerade noch verhindern, daß man wenigstens das Gegenteil der jeweiligen Prophezeiungen noch als zuverlässige Prognose wertet.

Denn der österreichische Wähler stimmt nicht für, sondern gegen eine Partei. Und

zwar stimmt er immer gegen die, deren Sieg so gut wie sicher zu sein scheint. Das entspricht seinem Sinn für künstlerische Harmonie, für den Ausgleich der Gegensätzlichkeit, für Gerechtigkeit und zu guter Letzt dem sehr einsichtigen und durchaus politischen Gefühl dafür, daß man Bäume beschneiden muß, noch ehe sie in den Himmel wachsen.

*

Merke: Wenn Sie, der Fremde, einen Österreicher über die Verhältnisse in seinem Vaterland befragen, dann tun Sie, sofern Sie eine zutreffende Aussage erhalten wollen, gut daran, mit seiner Lust am Widerspruch und den zwei Seelen in seiner Brust zu rechnen. Äußern

Sie sich daher zunächst positiv zu dem Thema. Er wird Ihnen sofort mit Hilfe eines reichen Erfahrungsmaterials alle negativen Fakten liefern, die Sie interessieren könnten. Schwenken Sie hierauf um und lassen Sie einige abfällige Äußerungen über die Pünktlichkeit der Österreichischen Bundesbahnen, die etwas verworrene innerpolitische Situation usw. fallen. Ihr Gesprächspartner wird sofort mit unwiderlegbaren Argumenten zugunsten der österreichischen Verkehrsbetriebe aufwarten und Ihnen die Politik seines Vaterlandes von der glänzendsten Seite zeigen. Ziehen Sie aus seinen Mitteilungen das Mittel, und Sie werden ein einigermaßen zutreffendes und recht fundiertes Bild der Lage erhalten.

Merke ferner: Wenn er nicht widerspricht, sondern Ihnen beipflichtet, dann

liegt es an Ihnen. Wahrscheinlich hält
er Sie dann heimlich für einen aufdring-
lichen Menschen, dem man besser nichts
Interessantes erzählt.

DER WIENER GESCHÄFTSFREUND

>»Der Erfolg entscheidet nicht.«
(Nestroy)

Sie haben Ihren Wiener Geschäftsfreund
also endlich telefonisch erreicht — in
einem Café natürlich — und mit ihm
für siebzehn Uhr des nächsten Tages in
einem anderen Café ein Rendezvous
ausgemacht.
Sie sind um siebzehn Uhr zur Stelle.
Irgendwann gegen siebzehn Uhr und
dreißig Minuten taucht Ihr Wiener Ge-
schäftspartner auf, ist sichtlich echauf-
fiert und entschuldigt sich wortreich für
seine Verspätung.
Sagen Sie nun nicht irgend etwas der
Art, daß man da nun nichts mehr machen könne und daß man sich jetzt eben
um so mehr zu beeilen habe, weil Sie
Ihren Zug um 19 Uhr 45 unbedingt er-

reichen müßten, oder was dergleichen Äußerungen berechtigten Unmuts mehr sind. Sie würden damit dem Wiener ein schlechtes Gewissen bereiten — ein Wiener mit einem schlechten Gewissen ist aber der schlechteste Verhandlungspartner, den es überhaupt gibt: Er wird Ihnen, je nach Temperament, entweder die unwahrscheinlichsten Dinge versprechen, um Sie zu besänftigen, und sie dann nicht halten, oder mit spitzfindigsten Schwierigkeiten kommen, weil er Ihnen justament beweisen will, daß er trotz seiner Unpünktlichkeit ein geriebener Geschäftsmann ist. Außerdem hätten Sie schon bei der Festlegung des Rendezvoustermins bedenken sollen, daß Unpünktlichkeit in Wien nicht als Unhöflichkeit gilt, sondern als Merkmal eines freien, eines nicht den Gesetzen einer mechanisierten Welt untergeordneten Geistes.

Beantworten Sie somit, selbst wenn Sie innerlich kochen, seine Entschuldigungen mit dem friedlichen Hinweis, Sie seien sehr froh, daß er zu spät gekommen sei, weil Sie sich selbst etwas verspätet hätten. Er wird von Ihrem Sinn für feine Repliken beeindruckt sein.

Lassen Sie ihm ferner Zeit, sich bequem hinzusetzen und seine umständliche Bestellung aufzugeben (»... eine Schale Gold und passiert, bitte, oder nein, wissen S' was, Herr Franz, einen doppelten Kurzen und ein bißl ein Obers dazu!«).

Wenn Sie aber meinen, daß nun die Zeit gekommen ist, endlich mit dem Geschäftlichen beginnen zu können, dann war Ihre ganze mühsam bewahrte Selbstbeherrschung umsonst. Denn was jetzt zu folgen hat, ist noch immer nicht die geschäftliche Unterredung, sondern das Vorspiel dazu, der Prolog, die interessante Einleitung zu einem wenig interessanten Kapitel. Überlassen Sie in diesem alles entscheidenden Stadium Ihrer Beziehungen dem Wiener die Führung. Er hat Übung darin.

Er wird etwa einen Aphorismus über die herrschende Wettersituation äußern und erwarten, daß Sie ihm aus vollem Herzen beistimmen. Hierauf wird er beiläufig erwähnen, daß rheumatische Schmerzen, eine besonders ausgeprägte Form des Heuschnupfens oder Nierenkoliken unter den gegebenen meteorologischen Verhältnissen nicht als Wunder betrachtet werden dürften. Darauf antworten Sie, daß Sie entweder selbst mit einem dieser Übel behaftet seien oder daß Sie einen Bekannten hätten, der sich von Ihnen mit Hilfe eines jüngst erst entdeckten Medikamentes in kürzester Frist befreit habe.

Dieses Gespräch führt unweigerlich zu

einem Punkt, in dem sich die Ansichten zu völliger Zufriedenheit beider Teile decken. Sie haben herausgefunden, daß Sie beide Nierensteine von der gleichen seltenen chemischen Zusammensetzung oder einen gemeinsamen Bekannten haben, über dessen depravierten Charakter Sie einhelliger Meinung sind, daß Sie dasselbe Steckenpferd pflegen oder auch Antialkoholiker sind.

Auf diesem Berührungspunkt verweilen Sie so lange, bis sich beider Partner ein Gefühl gegenseitiger Zuneigung oder Sympathie bemächtigt hat und beide völlig entspannt sind.

Und jetzt darf endlich einer von Ihnen seine Aktentasche näher an sich heranziehen und im nebensächlichsten Tonfall sagen: »Was übrigens die Lieferung von zweihundert Tonnen Stahlblech der prima Ia-Qualität betrifft . . .«

Innerhalb von fünf Minuten werden

Sie Ihr ganzes kompliziertes Geschäft in der vernünftigsten und sachlichsten Weise erledigt haben, und falls Sie den Zug um 19 Uhr 45 wirklich versäumt haben sollten, wird Ihr Wiener Geschäftsfreund sicherlich den Bekannten eines Bekannten kennen, der zufällig gerade heute mit seinem Auto gerade dorthin fährt, wo Sie hin müssen, und sich ein Vergnügen daraus machen wird, Sie mitzunehmen — was für Sie viel billiger, schneller und unterhaltsamer sein wird als die Fahrt mit dem Zug um 19 Uhr 45, der übrigens schon um 19 Uhr gefahren ist, weil ja schon der Sommerfahrplan in Kraft ist, während Sie sich am Bahnhof in dem immer noch dort hängenden Winterfahrplan orientiert haben.

Der Wiener wird unzuverlässig, unpünktlich und widerwillig seinen Verpflichtungen nachkommen, wenn ihn

sonst nichts an Sie bindet. Aber wenn
Sie ihm nur die geringste Chance geben, die Einlösungen seiner Verpflichtungen als Freundschaftsdienst betrach-
ten zu können, wird er seine ganze Auf-
gewecktheit, sein einzigartiges Improvi-
sationstalent und seine routinierte Ele-
ganz spielen lassen, um Ihnen alles das
zu verschaffen, was Sie haben wollen.
Aus sachlichen Erwägungen rührt er für
Sie nicht einmal dann einen Finger,
wenn es sein offensichtlicher Vorteil ist.
Aus Sympathie tut er alles für Sie.
Vielleicht wird er — aus Sympathie —
sogar pünktlich sein.
Einer meiner Freunde ist, wiewohl ge-
borener, gelernter und eingefleischter
Wiener, aus irgendwelchen Gründen ein
Fanatiker der Pünktlichkeit; er hat aus-
sichtsreiche Verbindungen brüsk abge-
brochen, Geld und Gut geopfert und
sich eine Reihe von wirklichen Feinden

geschaffen, weil er Zuspätkommenden ihre Unpünktlichkeit unerbittlich vor Augen hielt. Kurz, dieser Mann ist unter Wienern ein Perverser.

Nichtsdestoweniger ist Hans Weigels Schicksal nicht ganz so qualvoll, wie es den Anschein haben mag. Denn seine Freunde, ansonsten in durchaus gesunder Weise unpünktlich, achten peinlich auf Pünktlichkeit, wenn sie mit ihm zu tun haben. Aus Freundschaft, versteht sich, weil sie ihm nicht weh tun wollen, aus Mitleid gewissermaßen, nicht etwa aus Überzeugung. So weit kann sich ein Wiener überwinden, um einem anderen gefällig zu sein!

Jener Unglückliche hat übrigens einen sehr empfehlenswerten Baedeker durch die österreichische Seele geschrieben (»O du mein Österreich«, im Steingrüben-Verlag, Stuttgart), in dem er der Wiener Unpünktlichkeit eine leidenschaftliche Apologie gewidmet hat. Seine Freunde schließen daraus, daß auch in ihm noch ein gesunder Kern steckt.

*

Merke: In Wien beeilt sich ein feiner Mann nicht. Und es kann in Wien unvornehm erscheinen, wenn man allzu pünktlich ist.

Vom Essen und Trinken

> »Essen der Herr, oder
> belieben zu speisen?«
> (Wiener Ober)

Die Wiener Küche ist nicht — wie etwa die französische — ein Kompendium von Spitzenleistungen individualistisch gesinnter Kochkünstler. Ihre Hauptwerke sind vielmehr von vielen Generationen Wiener Hausfrauen und böhmischer Köchinnen geschaffen worden. Sie ist anonym, ein Produkt gleichsam der in des Volkes Seele schlummernden gestalterischen Kräfte.

Das hat der Wiener Küche den Charakter äußerster Zuverlässigkeit und matriarchaler Solidität verliehen. Sie können ein großes Restaurant, ein kleineres Gasthaus oder das kleinste »Beisel« betreten und die gedruckte, mit der Schreibmaschine verfertigte oder von

der Hand des Obers geschriebene Speise-
karte studieren: Was immer Sie bestellen ist seit Jahrhunderten erprobt, für
gut befunden und kanonisiert worden.
Sehr wahrscheinlich werden Sie im »Beisel« am besten essen — denn in diesen
kleinsten aller Gaststätten verkehrt nicht
nur das Volk, das sich seine Genüsse
nicht verfälschen läßt, hier steht auch
meistens noch die Wirtin selbst am Herd.
Und als Frau weiß sie, was Tradition
ist.

Fragen Sie — wenn Sie darauf verzichten wollen, ein Wiener Kochbuch zu studieren — den Ober, was er Ihnen emp-
fehlen kann, und vertrauen Sie ihm
blindlings. Kränken Sie ihn nicht, indem
Sie zum Wiener Schnitzel »Tunke« verlangen. Die Wiener Küche geht mit
»Tunken« sparsam um und verwendet
sie nur dort, wo sie natürliches Ergebnis
des Kochprozesses ist. Beim Wiener

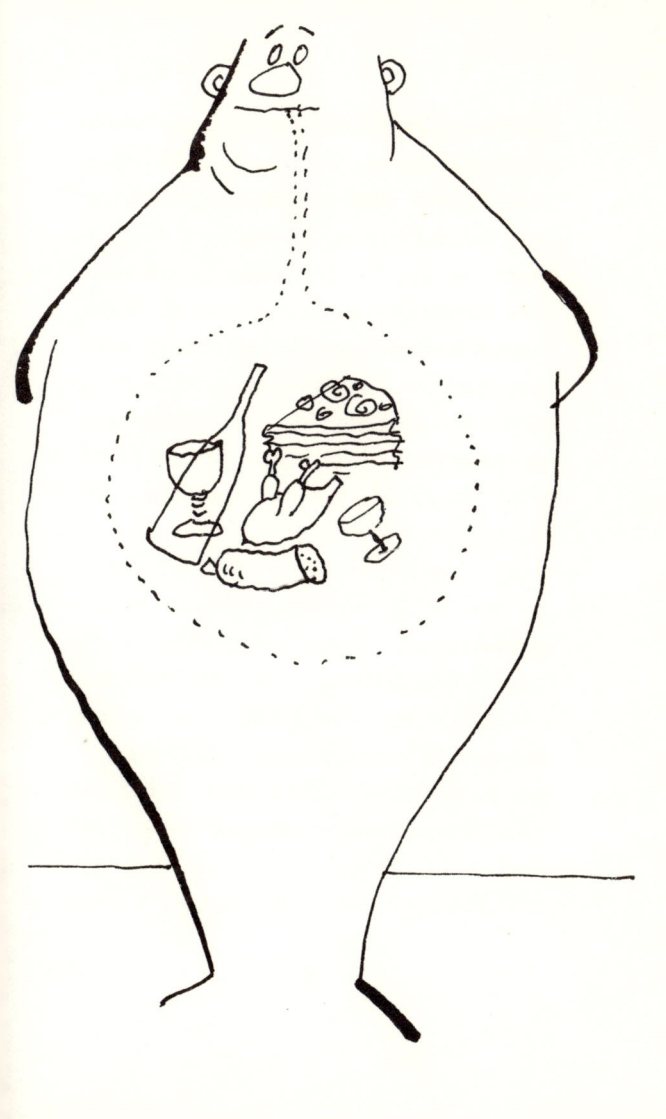

Schnitzel gibt es keinen Saft. Und wenn Sie ihn dennoch verlangen, wird der Ober Sie für einen höchst ungebildeten Menschen halten.

Und vergessen Sie nicht, wenigstens einmal »Suppenfleisch mit Kren« zu essen. Kenner versichern, daß dieses genial einfache Gericht den Gipfelpunkt der Wiener Küche darstelle.

*

Merke: Die Süßspeise — in Wien selbst dann Mehlspeise genannt, wenn auch kein Stäubchen Mehl dabei ist — hat meistens tschechische Vorbilder. Fleischspeisen mit ungarischen oder südslawischen Namen sind gepfeffert und papriziert.

*

Die schlimmsten Fehler, die ein Ausländer in Wien begehen kann, wird er im Wiener Kaffeehaus begehen.

Verlangen Sie also nicht eine Tasse Bohnenkaffee, denn es ist selbstverständlich, daß Sie in einem Wiener Kaffeehaus nichts anderes als Bohnenkaffee bekommen. Bestellen Sie auch nicht ein »Kännchen Kaffee«, denn das gibt es nicht. Und außerdem — »Kaffee« wird in Österreich auf der zweiten Silbe betont.

Verlangen Sie vielmehr einen kleinen oder großen Espresso, den Sie »kurz« oder »lang« haben können, je nachdem, ob Sie auf reine Koffein-Essenz Wert legen oder diese lieber ein wenig verdünnt trinken wollen. Die klassische, orthodoxe Zubereitungsart des halbfein gemahlenen Kaffees im Kupferkännchen über dem offenen Feuer ergibt den »Türkischen«, den Sie »natur« oder »passiert« fordern.

Zum Mokka oder Espresso wird kein Obers gereicht. (»Sahne« heißt in Österreich Obers.) Sie können es aber verlangen. Das ist erlaubt.

Wenn Sie hingegen einen Milchkaffee zu verlangen gedenken, müssen Sie sich zunächst einmal klar darüber werden, wie das Mischungsverhältnis beschaffen sein soll. Kräftiger Kaffeegeschmack? Dann am besten ein kleiner oder großer »Brauner«. Bestimmen Sie die Farbnuance deutlich: »mehr braun« oder »mehr licht«. Verlangen Sie je nach Wunsch »mit Haut«, »ohne Haut« oder gar »passiert«.

Noch immer zuviel Koffein? Dann wählen Sie einen großen oder kleinen Weißen »sehr licht«.

Sie dürfen keineswegs glauben, daß damit alle Möglichkeiten eines Wiener Kaffeehauses erschöpft sind. Davon ist keine Rede, denn es gibt nicht nur noch einen »Kapuziner«, eine »Melange« oder eine »Schale Gold« — es gibt überdies und fernerhin große und kleine Portionen Schlagobers, Zusätze und Spezialitäten. Und es gibt auch noch das Wiener Kaffeegebäck, das der Kellner ohne Aufforderung auf Ihren Tisch stellt. Das, was anderswo schlicht Weißbrot oder »Brötchen« heißt, nimmt in Wien ein Viertelhundert verschiedene Formen an: Weckerl, Kipferl, Striezel, Laberl, Girafferl, Semmel, Stangerl und so weiter. Und jede dieser Formen hat überdies eine Blätterteig-, Milchbrot- und Semmelteigvariante. Damit kann man schon sein Auslangen finden, auch ohne »Kuchen« zu verlangen.

Es gibt tausenderlei Gründe, um ins Kaffeehaus zu gehen: um Kaffee zu trinken, um Zeitungen zu lesen — denn je besser das Kaffeehaus, um so mehr Zeitungen liegen in ihm auf —, um geschäftliche oder private Rendezvous zu erledigen, Schach, Billard, Bridge oder Tarock zu spielen oder die neuesten Modehefte durchzublättern. Man geht ins Kaffeehaus, um dort ungestört von Telefonen, Sekretärinnen und Kunden wichtige Arbeiten zu beenden oder Romane zu schreiben. Es gibt Cafés, in denen sich die Journalisten, andere, in denen sich die Literaten, die Briefmarkenhändler, die Freunde der Hohlwelttheorie, die modernen Maler, die Künstlerhausmaler, die Regierungsmitglieder und die Buchmacher treffen. Es gibt Kaffeehäuser, in denen Leute verkehren, die über zwei Meter groß sind, und andere, wo die Filmleute oder die Chefs der Wiener Unterwelt sitzen. Denn jeder Wiener hat sein Stammcafé, und jedes Stamm-

café hat seinen Rang und seine Beson-
derheit. Sage mir, o Fremdling, in wel-
chem Café dein Wiener Bekannter verkehrt, und ich werde dir alsbald sagen,
wer und was er ist.

*

Der edelste Vorzug des Wiener Kaffeehauses ist seine Billigkeit. Wenn Sie Ihren kleinen Mokka getrunken haben,
brauchen Sie nichts mehr zu bestellen
und dürfen dennoch stundenlang sitzen
bleiben. Geduldig wird der Kellner einen
Zeitungsstoß nach dem anderen herbei-
schleppen, wird Ihnen pünktlich alle
Viertelstunden ein frisches Glas Wasser
auf den Tisch stellen, Ihnen auf Verlangen Aspirin, Briefpapier, Tinte und
Briefmarken bringen und Sie dennoch
für einen sehr zu verehrenden Gast halten. Denn er ist genauso wie seine Gäste
von dem Gefühl durchdrungen, daß man
im Kaffeehaus leben muß, wenn man es
ganz genießen will.

*

Merke: Die äußerste, kühnste Leistung des Wiener Kaffeesiedergeistes heißt »Einspänner«. Hier wird nicht verraten, was das ist — bestellen Sie ihn, wenn Sie in ein Wiener Café treten, und Sie werden um ein unvergeßliches Erlebnis reicher geworden sein. Kostenpunkt etwa vierzehn Schilling.

*

Dort, wo Neonlichter locken, wo sechs Meter lange Autos vor der Tür stehen und jauchzende Schrammelmusik erklingt, dort finden Sie den »Wiener Heurigen« nicht. Dort finden Sie bestenfalls eine Imitation davon, eine lärmende Show für Touristen und solche, die es nicht besser wissen und also ruhig dafür bezahlen sollen.

Lassen Sie derlei Rummelplätze lieber links liegen und gehen Sie in die Seitengassen Grinzings, Sieverings und Nußdorfs hinein. Je stiller es wird, desto näher kommen Sie dem echten Wiener Heurigen, und wo es ganz still wird, dort bleiben Sie. Dort ist gut sein.

Der Wiener Heurige, das ist ein Sammelbegriff: das ist der grüne »Buschen« über einem breiten alten Haus, der nach uraltem Brauch anzeigt, daß hier ein Winzer jungen Wein ausschenkt; er tut das nur einige Tage im Jahr. Der Heurige: das ist ein alter kleiner Garten hinter dem Haus, das sind ein paar Wiener, die den säuerlichen, aber moussierenden Wein still und in sich gekehrt trinken, das ist der Blick hinunter auf die Lichter der Stadt.

Wenn Sie Alkoholgenuß mit geräuschvoller Fröhlichkeit gleichsetzen oder ein Fanatiker des Schunkelns sind, wird Ihnen der Wiener Heurige nicht viel bieten. Aber wenn Sie zu den Verständigen gehören, dann wird er Ihnen Wien in seiner ganzen innigen Fröhlichkeit zeigen.

*

Merke: Zum Heurigen gehört das Essen: Wurst, kalte Schnitzel, Schinken, Backhendel und dergleichen. Man ißt sie »aus dem Papierl« — das heißt, man bringt sie mit. Nur ein Ungebildeter verlangt dazu vom Kellner Gabel und Messer; beim Heurigen speist man grundsätzlich aus der Hand.

Merke ferner: Die Polizisten in den Wiener Weinbezirken haben strenge Vorschriften. Machen Sie sich also nichts daraus, wenn Sie statt im Auto mit der Straßenbahn in Ihr Hotel zurückfahren müssen. Überdies bietet eine nächtliche Heimfahrt mit dem 38er oder 39er ja bedeutende intellektuelle Genüsse — ein vom Heurigen beseelter Wiener nämlich ist in neun von zehn Fällen auch ein philosophischer, der Entschlüsselung tiefster Welträtsel zuneigender Wiener. Und

die Sitzplätze der Linien 38 und 39 sind
um Mitternacht dicht mit vom Heurigen
beseelten Wienern besetzt.

>»Ja, die Liebe ... also die
Liebe, net wahr, das is
schon ... wie soll ich sagen
... sie is ja wirklich ...
also mir kann s' g'stohlen
werden ...«
(Monolog beim Heurigen)

Machen Sie sich keine übertriebenen Vorstellungen.

Wien ist eine in dieser Hinsicht äußerst
normale Stadt. Fachleute haben stati-
stisch nachgewiesen, daß es in Wien weit
weniger Leute mit besonderen Bedürfnissen gibt als in allen anderen europäi-
schen Großstädten. Es sind daher im allgemeinen nur eidgenössische Reisende,
die das Wiener Nachtleben als sensatio-
nell empfinden.

Der Österreicher denkt in Eroticis auf-
fallend vernünftig. Er achtet die Kon-

vention und mildert sie durch Schlamperei. In seiner Geschichte gibt es keine Pompadour und nicht einmal eine Otero. Die Liaisons österreichischer Kaiser und Staatsmänner dauerten bisweilen ein Leben lang und hatten stets den Anschein einer halben Legitimität — nie haben ihre Freundinnen eine politische Rolle gespielt. Und die große Maria Theresia, die einzige Frau in der österreichischen Historie, hatte sechzehn Kinder.

Es spricht nicht gegen diese vernünftigen Grundsätze, daß das österreichische Bundesland Kärnten die höchste europäische Zahl unehelicher Geburten aufzuweisen hat.

Eine Wochenzeitung, die diese Tatsache zum Anlaß eines moralpredigenden Leitartikels nahm — wahrscheinlich lag gerade kein aktuelleres Thema vor —, erhielt als Antwort einen Brief aus einem Gebirgsort Kärntens:

»Verehrliche Redaktion! Bezugnehmend auf Ihren kürzlichen Leitartikel, möchte ich Ihnen folgendes mitteilen: In unserem Dorf herrscht fünf Monate lang strengster Winter. Wir sind fünf Monate lang von der Außenwelt abgeschnitten. Es gibt hier kein Kino, es gibt kein Wirtshaus, und der Radioempfang ist klimatischer Bedingungen halber fast unmöglich. Ja, ich bitte Sie — was sollen denn die Leute hier machen?«

Dieses Dokument des gesunden Menschenverstandes war unterzeichnet vom Pfarrer des Dorfes.

*

Merke: Österreich und Wien verfügen über zahlreiche landschaftliche und künstlerische Attraktionen. Es gibt also Gründe genug, um Österreich zu besuchen.

MONOLOGE UND DIALOGE
(Selbst gehört)

»In der Früh steh ich auf, dann geh ich
ins Büro, dann geh ich essen, nachher
geh ich wieder ins Büro, dann geh ich
nach Haus, dann eß ich was, dann bin
ich müd und geh schlafen. Jetzt sagen
Sie mir bitte: Wann leb ich eigentlich,
ha?«

*

»Die Ataumbombe? Hören S' mir auf
mit der Ataumbombe. Bevur die Ataumbombe kummt, kummt ehnder noch der
Komet, des garantier ich Ihnen!«

*

»Sie, das Leben ist ein Kreuz.«
»Das is wahr.«
»Aber manchmal is es wiederum ein Vergnügen.«
»Das is *auch* wahr.«

*

»Also, varstehst — wann i amal anfang, varstehst, wann *ich* amal anfang . . .«
»Geh hör auf!«
»I fang ja net an. Aber wann i anfangert, varstehst . . .«

*

»So ein Glück müßt man haben. Aber wer hat das schon? Von Hunderten hat's net einer. Und des is ein Ausländer . . .«

*

»In Wien kann ma ja net existieren.«
»Dann wandern S' halt aus.«
»Wohin?«
»No — ins Ausland halt.«
»No ja — aber durt kann man doch net
leben . . .«

VON DER KUNST

»Man lebt in halber Poesie...«
(Grillparzer)

Im April 1945 war auch Wien eine ver-
wüstete Stadt: voll von Trümmern,
Angst und Hunger. Eine Stadt, in der
sich das Leben in Kellerwinkel verkro-
chen hatte.
Es gab kein Licht, kein Gas, kein Wasser. Hier und da brannte noch ein Haus.
Von Zeit zu Zeit explodierten Spätzün-
der und Blindgänger. Jenseits der Do-
nau wurde noch gekämpft.
Aber an dem einzigen noch halbwegs
erhaltenen Bauteil der Oper, der Log-
gia, stand ein kümmerliches Männlein,
hatte einen Pinsel in der Hand und legte
Blattgold auf eine steinerne Ornament-
ranke.

Mit dieser in ihrer Winzigkeit so offenbar sinnlosen Handlung begann der österreichische Wiederaufbau. Und was immer in den folgenden Jahren auch geschah — der erste Gedanke und der erste Schilling galten stets der Oper. Ihre Rekonstruktion kostete unvorstellbare Summen, aber nicht eine einzige Stimme protestierte in dem verheerten Land gegen diese Geldverschwendung. Als dennoch kein Geld mehr aufzutreiben war, wurde eine Anleihe aufgelegt. Sie war nach wenigen Tagen unterzeichnet und notierte als ertragreichstes Wertpapier.

Eines Tages war dann der Wiederaufbau abgeschlossen. Und da gerade an diesem Tag der letzte fremde Soldat das Land verließ, erklärte man das Fest der Operneröffnung zur offiziellen Befreiungsfeierlichkeit der Zweiten österreichischen Republik.

Die Oper und das Burgtheater sind

Staatstheater im vollen Sinn des Wortes. Was sich um sie begibt, sind auch immer Haupt- und Staatsaktionen. Als vor Jahren ein Intendant gestürzt wurde, gab es fast eine Regierungskrise. Als kürzlich ein Operndirektor verabschiedet wurde, brachten auch die Boulevardblätter die diesbezügliche Neuigkeit in Titelschlagzeilen. Und als einmal eine überspannte Diva einen Kritiker ohrfeigte, wurde dieser Vorfall in den Straßenbahnen und den Frisiersalons nicht weniger leidenschaftlich als in den Zeitungen und Kaffeehäusern diskutiert.

Musik und Theater — das sind in Wien nicht abstrakte, von fern verehrte und im Grunde doch nur für die geistige oder soziale Elite belangreiche Dinge. Sie sind vielmehr lebensnotwendig; sie kommen gleich nach dem Essen und Trinken und noch lange vor dem Luxus. In irgendeiner Art nimmt jeder an ihnen teil:

Der Mittelstand bringt bedeutende Opfer, um sich ein Abonnement in der Staatsoper, der »Burg«, dem Josefstädter Theater oder bei den Philharmonikern leisten zu können; die Gewerkschaften finanzieren das ambitionierte Volkstheater; die Jugend protegiert zahlreiche mehr oder weniger avantgardistische Kellertheater. Und an der Peripherie blühen heute wie vor hundert Jahren die »Pawlatschen« der Liebhaber- und Stegreifbühnen.

*

Merke: Selbstverständlich ist Wien eine Metropole des Kulissentratsches. Selbstverständlich kennt in Wien jedermann sämtliche Privatgeheimnisse sämtlicher auch nur einigermaßen Prominenter. Der

Fremdling hüte sich, da mitzureden. Denn wenn der Wiener seine Künstler auch nicht immer respektiert, so liebt er sie doch wie Familienmitglieder. Und über solche läßt man bekanntlich nichts kommen.

WIEN AN SICH

Wien assimiliert alles, was in seinen Bereich kommt: Komponisten aus Bonn und Architekten aus Rom, Hausmeister aus den böhmischen Kernlanden und Flüchtlinge aus Kecskemét, die Espressi aus Mailand und sogar das amerikanische Coca-Cola. Es kommt ihm nicht so drauf an.

Aber Wien bleibt Wien.

In den sechziger Jahren des vergangenen Jahrhunderts befahl Franz Joseph die Schleifung der gewaltigen Bastionen, damit Wien endlich mit den inzwischen zu respektablen Vororten herangewachsenen Dörfern der Umgebung zu einer großen Gemeinde vereinigt werde. So geschah es denn auch. Die Befestigungsanlagen wurden abgerissen, und an ihrer Stelle zieht sich nun die Ringstraße um das zum ersten Wiener Gemeindebezirk gewordene alte Wien.

Aber heute noch schließt der Ring wie damals durch dicke Mauern die Innere Stadt von den Außenbezirken mehr ab, als er sie mit ihnen verbindet. Und heute noch erreicht man den ersten Bezirk nur durch jene wenigen Einfallstraßen, die genau an die Stellen der ehemaligen Stadttore traten. Und der erste Wiener Gemeindebezirk, die City der Großstadt, heißt in Wien schlicht und beharrlich »die Stadt«.

*

Die dörflichen Vororte von dazumal aber wurden in die groß und größer werdende Stadt zwar eingeschmolzen, aber mit ihr verschmolzen sind sie bis heute noch nicht. Sie haben nicht nur ihre Namen bewahrt — Penzing, Währing, Gaudenzdorf, Gumpendorf, Lerchenfeld —, sondern auch ihren Charakter. In fast jedem Bezirk gibt es inmitten der gleichförmigen Zinshäuser und Verkehrsanlagen des 19. und 20. Jahrhunderts unvermittelt dörfliche Plätze, einstöckige Häuser mit barocken Gesimsen, eine kleine Kirche und alte Kastanien. Darum geht man heute, wenn man in Wien spazierengeht, immer auch im Wien längst vergangener Jahrhunderte, sogar Jahrtausende spazieren. Der Grundriß des zweitausend Jahre alten römischen Lagers Vindobona ist durch einige Straßenzüge des ersten Bezirkes bis heute festgehalten worden, und neben dem Heiligenstädter Beethovenhaus steht das winzige Kirchlein des heiligen Severin, des Bekehrers der Heiden im Südosten. Ein paar hundert Meter weiter steht schließlich auch das bedeutendste und in seiner Größe einzigartige Exemplar kubistischer Architektur: der riesige Karl-Marx-Hof.

Das ist das eine Geheimnis Wiens: daß auf seinem Boden alles bewahrt bleibt und nichts verlorengeht.

Und das ist das andere Geheimnis Wiens: daß es das Widersprüchlichste zur Harmonie bewegen kann.

Das kaiserliche Lustschloß Schönbrunn grenzt westlich an den gutbürgerlichen Bezirk Hietzing. Im Osten aber grenzt es hart an den Arbeiterbezirk Meidling. Die Mariahilfer Straße ist eine hektische, von Lichtreklamen überstrahlte Geschäftsstraße — aber wenn man wenige Schritte abzweigt, steht man zwischen Biedermeierhäusern und fühlt sich von Wien nach Vineta versetzt. Und zu bestimmten Tagen des Jahres gibt es da und dort inmitten einer Millionenstadt ländliche Jahrmärkte oder kirchliche Prozessionen im Stile eines heiteren und innigen Mittelalters.

Aber das alles und viel mehr paßt gut zueinander, ergibt keine schrillen Dissonanzen, sondern breiten, vollen Einklang. Denn das Wesen der Stadt ist Toleranz. In Wien tolerieren auch die Dinge einander, nicht nur die Menschen, die es bisweilen freilich nur ungern tun.

*

Merke: Anders als in anderen Städten tut man in Wien gut daran, nicht nur die Innere Stadt zu durchstreifen. Denn

Wien besteht aus vielen Städten, von denen man wenigstens einige kennengelernt haben muß, wenn man behaupten will, daß man Wien kennengelernt hat.

DER WIENER AN SICH

> »Wann i was z'reden
> hätt ... verstehst, i
> schaffert alles a ...«
> (Weinheber)

Der Wiener ist gar nicht gemütlich.
Er ist ein launenhafter Mensch und so
unzuverlässig, daß man sich nicht einmal auf seine Unzuverlässigkeit verlassen kann. Er zweifelt stets an sich selbst
und an seinem Wert und entschuldigt
sich ununterbrochen dafür, daß er ein
Wiener ist.

> »I bin halt a Weaner und kann nix da-
> für ...«,

singt er noch, wenn er sich schon im Stadium rauschhafter Seligkeit befindet.
Und es ist sehr merkwürdig, daß er, der
so höflich und liebenswürdig sein kann,

im tiefsten Winkel seiner Seele ein Anarchist ist: ». . . allgemeine Abschaffung!« fordert Nestroys politisierender Schneidergeselle. »Denn alles, was existiert, stört . . .« Es ist ein wahres Glück, daß der Wiener wenig vom blitzschnellen Zugreifen und noch weniger von der Umsetzung starker Worte in die Tat wissen will und daß er sich's genug sein läßt, seinen Anarchismus in unaufhörlichem Räsonieren abzureagieren, wozu ihm sein Dialekt auf das beste dient: denn auch das Wienerische ist gar nicht so herzig und gemütlich — es ist ein ironischer, sarkastischer und manchmal geradezu bösartiger Dialekt, der die großen Phrasen mit einer winzigen Lautverschiebung in ihr Gegenteil zu verkehren liebt.

Nein, der Wiener ist nicht gemütlich. Er schützt seine Freunde, aber er opfert sie eines Witzes wegen. Seine Melancholie ist

Verdrossenheit, und wenn er glücklich ist, dann ist er eigentlich nur gut aufgelegt. Und er leidet an der unaufhörlichen Diskrepanz zwischen Müssen und Wollen. »Übrigens, des Menschen Wille ist sein Himmelreich —«, sagt einer bei Nestroy. »Ja, will ich denn?« fragt der andere todtraurig. »Ah so?« sagt der erste und begreift. »Sie müssen? Nachher is freilich traurig!« Aber wie jeder Mensch muß auch der Wiener sein ganzes Leben lang etwas müssen: Er muß existieren, arbeiten, essen, trinken, schlafen und tausenderlei Dinge tun, konkrete, sachliche Dinge — er, der prädestiniert ist für das Ungefähre, für das Zufällige — er, dessen ganze Liebe nicht dem Faktum, sondern dem Unwägbaren, nicht dem Ganzen, sondern der Nuance gehört. Und darum ist er sein ganzes Leben lang ein unglücklicher Mensch, ein ungemütlicher Mensch, ein verhinderter Künstler, wenn er nicht sowieso einer ist.

Glücklicherweise ist er auch darin unzuverlässig.

*

Merke: Sie sollten doch einmal Nestroy lesen. Vielleicht während einer Fahrt nach Wien?

Hugo Wiener

Strichweise Sonne

272 Seiten · Leinen
Zeichnungen von Rudolf Angerer

Kabarettist und Satiriker und das auf
typisch österreichische Art, nie verletzend,
immer verbindlich – diese Mischung ist
unschlagbar und heißt Hugo Wiener.
Wienerisches Welttheater, in dem sich
jeder selbst erkennen darf...

Hugo Wiener

Zebras sind keine Elefanten

352 Seiten · Leinen

Es ist die Stärke des Kabarettisten, die wahre Aussage seiner Satiren hinter Scherz und Ironie zu verbergen. In dieser Auslese aus den zehn bisher erschienenen Bänden erweist sich der Autor als Meister seines Fachs.